Pimp my FERTIGGERICHT

Pimp my FERTIGGERICHT

VON
TOM GRIMM

FOTOS VON
TOM GRIMM & DIMITRIE HARDER

H.

Tom Grimm

Folgen Sie mir auf

@tom.grimm.autor

@tom.grimm.autor

@tom_grimm_autor

www.grinningcat.de

INHALT

Leicht und lecker! 94

#PIMPMYFERTIGGERICHT!

Wer kennt das nicht? Der Magen knurrt, die Zeit ist knapp, die Kids/der Göttergatte/die Freundin/der beste Kumpel/die Schwiegereltern warten ungeduldig darauf, dass etwas Essbares auf den Tisch kommt – doch im Kühlschrank herrscht genauso gähnende Leere wie im Gefrierfach. Alles, was der Vorratsschrank hergibt, sind ein paar mickrige Konserven, und zu allem Überfluss hat der Pizza-Service ausgerechnet heute Ruhetag.

Katastrophenalarm?

Nein! Kein Grund zur Panik!
Denn dieses knuffige Büchlein verrät euch, wie ihr aus Fertigprodukten, Tiefkühlware, Convenience Food und der einen oder anderen guten Idee im Handumdrehen ein wahres Festessen zaubert – schnell, einfach und ohne große Mühe! Tatsächlich werden auch die von euch, die im Umgang mit Küchenutensilien (noch) nicht allzu bewandert sind, keine Probleme haben, die folgenden Rezepte umzusetzen, bei denen es ausdrücklich nicht darum geht, die jeweiligen Gerichte möglichst kostengünstig zu pimpen – jedenfalls nicht finanziell. Aber Zeit ist bekanntlich auch Geld, und *davon* spart ihr hiermit eine Menge! Bei allen hier versammelten Speisen kam es uns darauf an, aus überall verfügbaren Zutaten mit möglichst wenig Zeitaufwand ein »richtiges« Essen zu kredenzen, am besten für die ganze Familie.

Wer wir sind?

Wir sind die Koch-WG!

Jeder Bewohner unserer kunterbunt zusammengewürfelten Wohngemeinschaft hat seine besten Rezepte zu diesem Werk beigesteuert:

Niko ist unser Nerd und stolz darauf! Bei ihm wird alles serviert, das geschmacklich Bombe und schnell gemacht ist, gern auch Fast- oder Fingerfood. Vor allem Kinder und Kindsköpfe werden an seinen kulinarischen Kreationen ihre helle Freude haben, frei nach dem Motto: Scheiß auf die Kalorien! Hauptsache yummy!

Die schnuckelige Angie ist unser selbsternanntes It-Girl. Sie liebt Blingbling, Glitzer und Schickimicki, und das nicht bloß bei ihren Outfits. Das zeigt sich auch bei ihren Lieblingsgerichten, von denen man das eine oder andere getrost auf den festlich gedeckten Sonntagstisch bringen kann, ohne dass Opi meckert. Einfach posh!

Als nächstes wäre da Bekka, unsere hauseigene Weltverbesserin mit einem Faible für alles Multikultige. Egal, ob orientalisch, asiatisch oder aus dem tiefsten Sauerland – Bekka kann´s gar nicht exotisch genug sein! Tote Tiere hingegen sind für sie tabu, denn sie ist Vegetarierin und fleischlos glücklich. »Fehlen« tut ihren Rezepten aber trotzdem nichts, denn ihre Speisen sind so aromatisch, dass nicht mal einem T-Rex auffallen würde, dass das, was er da gerade so gierig runterschlingt, allenfalls Fleischersatzprodukte enthält!

Und schließlich haben wir noch Jogi, unseren Fitnessfreak. Kalorienzählen ist nicht so seins, aber mit bleischwerem Magen den Iron Man laufen genauso wenig. Deshalb hat er eine Auswahl an Rezepten zusammengestellt, die nahrhaft, voller Energie und außerdem auch noch gesund sind – jedenfalls, soweit das unter den gegebenen Umständen möglich ist.

Doch vergesst nicht, dass alle Rezepte in diesem Buch letztlich bloß Anregungen sind, wie man es machen *kann*. Nichts davon ist in Stein gemeißelt. Im Gegenteil! Fühlt euch ermutigt, diese Gerichte ganz euren eigenen Geschmäckern anzupassen, neue Twists auszuprobieren und auf Basis dieser Rezepte etwas völlig Neues zu kreieren! Probieren können wir eure Kreationen zwar leider nicht, aber das Auge isst ja bekanntlich mit, also lasst uns doch zumindest unter dem Hashtag #PIMPMYFERTIGGERICHT bei Instagram und auf anderen Social Media-Plattformen an euren kulinarischen Kreationen teilhaben!

In diesem Sinne: An die Tüten, fertig, los!

Eure Koch-WG

EINFACH POSH!

Ristorante
PIZZA SPINACI
Dr.Oetker

EINFACH POSH!

PIZZA MIT SPINAT UND FLUSSKREBS

FÜR 1 PIZZA

EINFACH

20 MINUTEN

ZUTATEN

4–5 EL FERTIGE SAUCE HOLLANDAISE

20 ML WEIẞWEIN

1 TK-PIZZA SPINAT

100 G FLUSSKREBSE

ETWAS FRISCHER BABYSPINAT

ZUBEREITUNG

1. In einer kleinen Schüssel die Sauce Hollandaise mit dem Weißwein verrühren.
2. Die TK-Pizza nach Belieben gleichmäßig mit Flusskrebsen und frischem Babyspinat belegen, mit der verfeinerten Sauce Hollandaise beträufeln und nach Packungsanleitung im Backofen zubereiten.

EINFACH POSH!

SCHNELLE KÖNIGINPASTETE

FÜR 6 PASTETEN

EINFACH

20 MINUTEN

ZUTATEN

1 DOSE HOCHWERTIGES RAGOUT FIN (CA. 400 G)

50 G ERBSEN (AUS DER DOSE), ABGEGOSSEN

1 FRÜHLINGSZWIEBEL, IN FEINEN RINGEN

6 FERTIGE BLÄTTERTEIG-KÖNIGINPASTETEN, OHNE »DECKEL«

REIBEKÄSE

WORCHESTERSOßE, NACH BELIEBEN

ETWAS FRISCHE PETERSILIE, ALS GARNITUR

ZUBEREITUNG

1. In einem kleinen Topf bei mittlerer Hitze unter stetem Rühren das Ragout Fin erwärmen. Dann die Erbsen und die Frühlingszwiebeln hineingeben und 5 Minuten sanft köcheln lassen.
2. In der Zwischenzeit im Backofen nach Packungsanleitung die Königinpasteten backen.
3. Sobald die Pasteten fertig aufgebacken sind, mit einem Löffel bis fast zum oberen Rand das Ragout Fin hineingeben, die Oberseite glätten, etwas Reibekäse darauf streuen und nach Belieben mit Worchestersoße beträufeln. Mit etwas frischer Petersilie garniert servieren.

EINFACH POSH!

SUSHI-REISWAFFEL-BURGER

FÜR 4 SUSHI-BURGER

MITTEL

20 MINUTEN

ZUTATEN

ETWAS SCHWARZE SESAMSAAT

3 EIER

PFEFFER, SALZ

1 NORIBLATT

2 EL WASABI

5 EL MAYONNAISE

1 EL SOJASOẞE

8 REISWAFFELN

½ AVOCADO, ABGEZOGEN, IN STREIFEN

⅓ GURKE, IN DÜNNEN SCHEIBEN

150 G SURIMISTICKS, DER LÄNGE NACH HALBIERT

AUẞERDEM ERFORDERLICH:

4 METALLENE SERVIERRINGE (CA. 10 CM Ø)

ZUBEREITUNG

1. In einer kleinen Pfanne bei mittlerer Hitze ohne Fett eine Handvoll schwarze Sesamsaat rösten.
2. Die Eier in einen Rührbecher schlagen, kräftig mit Pfeffer und Salz würzen und gut verquirlen. Die Servierringe mit etwas Abstand zueinander in die Pfanne stellen und jeweils dieselbe Menge des Rühreis hineingeben. Die Eier in aller Ruhe stocken lassen. Sobald die Rührei-Taler fertig sind, vorsichtig in den Servierringen aus der Pfanne nehmen.
3. Unterdessen das Noriblatt in vier gleich große Rechtecke schneiden, die ungefähr so groß sind wie die Reiswaffeln. In einer kleinen Schüssel das Wasabi, die Mayonnaise und die Sojasoße zu einer zwar geschmeidigen, aber dickflüssigen Soße verrühren.
4. Die Rührei-Taler mit einem Messer behutsam aus den Servierringen lösen. Die Reiswaffeln auf einen Toaster legen und von beiden Seiten ca. 30 Sekunden antoasten.
5. Dann die Sushi-Burger anrichten. Hierzu vier Reiswaffeln auf die Arbeitsfläche legen. Zuunterst je ein Stück Noriblatt geben. Darauf einige Streifen Avocado verteilen, gefolgt von einem der Rührei-Taler und ein paar Gurkenscheiben. Hierauf vier oder fünf halbierte Surimisticks legen, gekrönt von einer großzügigen Schicht Wasabi-Mayonnaise. Mit einer weiteren Reiswaffel abschließen, mit etwas gerösteter schwarzer Sesamsaat bestreuen und sofort servieren.

EINFACH POSH!

KRABBENCOCKTAIL

FÜR 2 PORTIONEN

EINFACH

10 MINUTEN

ZUTATEN

1 KLEINE DOSE MANDARINEN, ABGEGOSSEN (CA. 175 G)

$\frac{1}{3}$ SALATGURKE, FEIN GEWÜRFELT

$\frac{1}{2}$ AVOCADO, ABGEZOGEN, FEIN GEWÜRFELT

200 G FLUSSKREBSE ODER NORDSEEKRABBEN

COCKTAILDRESSING, NACH WAHL

SALZ, PFEFFER

ETWAS FRISCHER DILL

ZUBEREITUNG

1. In einer kleinen Schüssel behutsam die Mandarinen, die Salatgurke, die Avocado und die Flusskrebse mit dem Cocktaildressing durcheinanderwerfen. Mit Salz und Pfeffer abschmecken.
2. Auf Servierschüsseln verteilen, mit etwas frischem Dill garnieren und sofort servieren.

CHANEL

EINFACH POSH!

FEINER LINSENEINTOPF MIT FORELLENFILETS

FÜR 2–3 PORTIONEN

EINFACH

15 MINUTEN

ZUTATEN

1 DOSE HOCHWERTIGER LINSENEINTOPF (CA. 800 ML)

SELLERIESALZ, PFEFFER, LIEBSTÖCKEL

1 EL ESSIG

1 KLEINE PRISE ZUCKER

1 PACKUNG FERTIGE FORELLENFILETS (CA. 125 G)

SAHNEMEERRETTICH, NACH BELIEBEN

ZUBEREITUNG

1. Den Eintopf auf mittlerer Stufe unter gelegentlichem Rühren erwärmen. Nach Belieben mit Selleriesalz, Pfeffer und ein bisschen Liebstöckel würzen. Den Essig und eine kleine Prise Zucker dazugeben und einige Minuten sanft köcheln lassen.
2. Zum Anrichten den Eintopf in tiefe Teller geben, jeweils ein Forellenfilet darauflegen und den Fisch nach Belieben mit dekorativen Klecksen Sahnemeerrettich garnieren.

Knorr
Asia
RIND

EINFACH POSH!

RAMEN MIT SEIDENTOFU UND POCHIERTEM EI

FÜR 3 PORTIONEN

MITTEL

30 MINUTEN

ZUTATEN

2 PÄCKCHEN INSTANT-ASIA-NUDELSUPPE RINDFLEISCH (Á CA. 60 G)

50 G ASIA-PILZMISCHUNG

3 EIER

400 ML RINDERFOND

2 EL MISOPASTE

1 FRÜHLINGSZWIEBEL, IN FEINEN RINGEN

½ ROTE PAPRIKA, IN DÜNNEN STREIFEN

ETWAS FRISCHER PAKCHOI, GEZUPFT

1 KLEINES GLAS CHINA- ODER WOKGEMÜSE (CA. 300 G), ABGEGOSSEN

50 G SEIDENTOFU, GEWÜRFELT

ETWAS FRISCHER KORIANDER, FEIN GEHACKT

ZUBEREITUNG

1. In einer großen Schüssel nach Packungsanleitung die Instant-Nudeln zubereiten. In einer anderen Schüssel nach Packungsanleitung die Asia-Pilzmischung einweichen; die Flüssigkeit anschließend entsorgen.

2. In der Zwischenzeit die Eier pochieren: Legt hierzu am besten ein Stück Frischhaltefolie in einen Becher und brecht jeweils ein Ei hinein. Knotet die Frischhaltefolie mit etwas Bindfaden zu einem kleinen Beutel zusammen und gebt diesen dann für 5-8 Minuten in kochendes Wasser. Dann behutsam herausnehmen, vorsichtig die Frischhaltefolie entfernen und die Eier beiseitestellen.

3. In einem großen Topf bei mittlerer Hitze den Rinderfond erwärmen und die Misopaste einrühren. Die Frühlingszwiebel, die Paprika, den Pakchoi, das Chinagemüse und die Pilze hineingeben. 5 Minuten sanft köcheln lassen. Dann die Instant-Nudeln samt Brühe hinzufügen und alles flüchtig miteinander verrühren.

4. In große Schüsseln geben, jeweils mit einigen Würfeln Seidentofu garnieren und mit etwas Koriander bestreuen. Jede Portion mit einem pochierten Ei krönen. Sofort servieren.

ORIGINAL

MILCHREIS MIT GRAND MARNIER-ORANGENFILETS

FÜR 2 PORTIONEN

EINFACH

10 MINUTEN

ZUTATEN

25 G PISTAZIEN

50 ML GRAND MARNIER

1 DOSE ORANGENFILETS (CA. 400 G)

2–3 BECHER MILCHREIS ORIGINAL (Á CA. 200 G)

ZIMT, ZUCKER

ZUBEREITUNG

1. In einer kleinen Pfanne bei mittlerer Hitze ohne Fett eine Handvoll Pistazien rösten. Aus der Pfanne nehmen und beiseitestellen.

2. Den Grand Marnier-Likör zusammen mit derselben Menge Saft aus der Dose mit den Orangenfilets in einen kleinen Topf geben und bei mittlerer Hitze unter stetem Rühren auf ⅓ einreduzieren.

3. In einer kleinen Schüssel nach Belieben den Zimt und den Zucker verrühren.

4. Den Milchreis auf zwei Schüsseln verteilen. Jeweils 4-5 abgetropfte Orangenfilets auf dem Reis arrangieren, etwas von dem Grand Marnier-Sirup darüber träufeln, geröstete Pistazien darauf verteilen und nach Belieben mit Zimt und Zucker bestreuen. Sofort servieren.

Heine's
Ragout fin

EINFACH POSH!

RAGOUT FIN-RÖSTI-AUFLAUF

FÜR 4–6 PORTIONEN | MITTEL | 30 MINUTEN

ZUTATEN

1 EL BUTTER ZZGL. NOCH ETWAS MEHR ZUM EINFETTEN DER FORM

1 SCHALOTTE, FEIN GEHACKT

1 TL GETROCKNETER KNOBLAUCH

1 PACKUNG TK-SPINAT (CA. 500 G)

SALZ, PFEFFER, MUSKATNUSS

PFLANZENÖL, JE NACH PFANNENGRÖSSE

1 GROSSE PACKUNG TK-RÖSTIS (CA. 750 G)

2 DOSEN RAGOUT FIN (Á CA. 400 G)

GERIEBENER KÄSE, NACH BELIEBEN

40 G MANDELBLÄTTCHEN

AUSSERDEM ERFORDERLICH:
EINE AUFLAUFFORM (CA. 25 X 15 CM)

ZUBEREITUNG

1. Die Butter in eine Pfanne geben und bei mittlerer Hitze schmelzen. Die Schalotte und den Knoblauch hinzufügen und die Zwiebeln glasig schwitzen. Den TK-Spinat hineingeben und unter stetem Rühren erwärmen. Mit Salz, Pfeffer und einer kräftigen Prise Muskatnuss würzen.
2. In einer separaten Pfanne bei großer Hitze einen Fingerbreit Pflanzenöl erwärmen und die TK-Röstis darin nach Packungsanleitung ringsum knusprig anbraten. Die fertigen Röstis aus der Pfanne nehmen und auf einem mit Küchenpapier ausgelegten Teller abtropfen lassen.
3. Unterdessen den Backofen auf 180 °C vorheizen.
4. Eine Auflaufform mit etwas Butter einfetten. Unten dicht an dicht eine Schicht Röstis so platzieren, dass der gesamte Boden bedeckt ist. Dann gleichmäßig das Ragout Fin darauf verteilen, gefolgt von einer Schicht Spinat. Mit geriebenem Käse und Mandelblättchen bestreuen und für 20 Minuten in den vorgeheizten Ofen geben.

Miraco
NEU
Miraco
Kräuter
Pasta Pronto
in Tomatensauce geschwenkt

EINFACH POSH!

MIRACOLI FRUTTI DI MARE

FÜR 2–3 PORTIONEN

EINFACH

20 MINUTEN

ZUTATEN

2 EL OLIVENÖL

1 SCHALOTTE, FEIN GEWÜRFELT

1 TL GETROCKNETER KNOBLAUCH

2 EL TOMATENMARK

300 G TK-MEERESFRÜCHTE (FRUTTI DI MARE), AUFGETAUT

100 ML WEIẞWEIN

100 ML FISCHFOND

2 EL ASIA-FISCHSOẞE

2 PACKUNGEN MIRACOLI PASTA PRONTO KRÄUTER

10 KLEINE KIRSCHTOMATEN, GEVIERTELT

SALZ, PFEFFER

ETWAS FRISCHER ZITRONENABRIEB

FRISCHER DILL, ALS GARNITUR, NACH BELIEBEN

ZUBEREITUNG

1. In einer großen Pfanne bei mittlerer Hitze das Olivenöl erwärmen, die Schalotte und den Knoblauch hineingeben und die Zwiebelwürfel glasig schwitzen. Das Tomatenmark dazugeben und kurz mit anschwitzen, dann die aufgetauten Meeresfrüchte hinzufügen und unter behutsamem Wenden 5-6 Minuten garen.

2. Mit dem Weißwein und dem Fischfond ablöschen und mit der Asia-Fischsoße würzen. Die Miracoli-Pasta und die Kirschtomaten mit hineingeben und ca. 4-5 Minuten sanft köcheln lassen. Mit Salz, Pfeffer und etwas frischem Zitronenabrieb abschmecken. Nach Belieben mit etwas frischem Dill garniert servieren.

桜風味

EINFACH POSH!

OFENKÄSE-FONDUE

FÜR 1–2 PORTIONEN | EINFACH | 30 MINUTEN

ZUTATEN

1 ROUGETTE-OFENKÄSE CHILI (ODER ANDERER, NACH BELIEBEN)

20 G MANDELBLÄTTCHEN

40 G GETROCKNETE TOMATEN

1 EL GETROCKNETER KNOBLAUCH

30 ML WEIẞWEIN

1 BAGUETTE, NACH BELIEBEN (MÖGLICHST VOLLKORN)

ZUBEREITUNG

1. Im Backofen nach Packungsanleitung den Ofenkäse zubereiten.
2. In der Zwischenzeit in einer kleinen Pfanne bei mittlerer Hitze ohne Fett die Mandelblättchen rösten. Aus der Pfanne nehmen und beiseitestellen.
3. Die getrockneten Tomaten fein hacken und in einer kleinen Schüssel mit dem Knoblauch und dem Weißwein vermischen. Das Baguette aufschneiden.
4. Sobald der Käse fertig ist, aus dem Backofen nehmen und kurz abkühlen lassen. Die Oberseite dann mit einem scharfen Messer X-förmig einschneiden und wie eine Blüte aufklappen. Die Tomaten-Knoblauch-Weißwein-Mixtur auf den flüssigen Käse geben und mit den gerösteten Mandelblättchen bestreuen. Mit dem Baguette hübsch auf einem Tablett anrichten und sofort servieren.

MOËT
MINI
MOËT
Menzi

EINFACH POSH!

FESTTAGSGULASCH MIT MINIKNÖDELN

FÜR 5–6 PORTIONEN

EINFACH

45 MINUTEN

ZUTATEN

2 DOSEN HOCHWERTIGE GULASCHSUPPE (Á CA. 400 ML)

1 KLEINES GLAS CHAMPIGNONS (CA. 170 G), ABGEGOSSEN

1 KLEINES GLAS LETSCHO (CA. 300 G)

300 ML ROTWEIN

2 PACKUNGEN MINIKNÖDEL (Á CA. 400 G)

SALZ, PFEFFER, PAPRIKAPULVER

CHILIPULVER, NACH BELIEBEN

ETWAS FRISCHE PETERSILIE, ALS GARNITUR

CRÈME FRAÎCHE, ALS GARNITUR

ZUBEREITUNG

1. Die Gulaschsuppe, die abgegossenen Champignons und das Letscho mitsamt der Würzflüssigkeit aus dem Glas in einen großen Topf geben und bei mittlerer Hitze zum Köcheln bringen. Den Rotwein dazugießen und ohne Deckel unter regelmäßigem Rühren 30-40 Minuten köcheln lassen, um die Flüssigkeit merklich einzureduzieren. So wird das Gulasch sämiger, kräftiger und dickflüssiger.
2. In der Zwischenzeit nach Packungsanleitung in einem separaten Topf die Miniknödel zubereiten.
3. Das Gulasch mit Salz, Pfeffer und Paprikapulver abschmecken und ggf. mit etwas Chilipulver würzen. Die Knödel abgießen. Zusammen mit dem Gulasch auf tiefen Tellern anrichten. Nach Belieben mit etwas frischer Petersilie und einem Klecks Crème fraîche garnieren.

Uncle Ben's
EXPRESS
LANGKORN & WILDREIS
2

EINFACH POSH!

EXPRESSREIS-TOMATENSUPPE MIT THUNFISCH

FÜR 2–3 PORTIONEN

EINFACH

10 MINUTEN

ZUTATEN

1 DOSE HOCHWERTIGE TOMATENSUPPE (CA. 400 G)

SELLERIESALZ, PFEFFER

ETWAS FRISCHES BASILIKUM, FEIN GEHACKT

1 BEUTEL LANGKORN & WILDREIS-EXPRESSREIS (CA. 250 G)

1 KLEINE DOSE THUNFISCH (CA. 100 G), GUT ABGETROPFT

ZUBEREITUNG

1. In einem kleinen Topf bei mittlerer Hitze die Tomatensuppe erwärmen, mit Selleriesalz und Pfeffer abschmecken und das gehackte Basilikum unterrühren.
2. Den Expressreis nach Packungsanleitung in der Mikrowelle zubereiten.
3. Die Suppe auf tiefe Teller oder Schüsseln verteilen, jeweils eine Portion Reis in die Mitte geben und mit etwas zerkleinertem Thunfisch garniert servieren.

Ofenkäse
320g
The Big Five for
SPIEGEL Bestseller

EINFACH POSH!

GRILLKÄSE AUF PFIRSICH-PFLÜCKSALAT

FÜR 4 PORTIONEN

EINFACH

30 MINUTEN

ZUTATEN

1 PACKUNG GRILLKÄSE NATUR (CA. 180 G)

50 G MANDELBLÄTTCHEN

1 EL WEISSWEINESSIG

3 EL OLIVENÖL

1 DOSE PFIRSICHE, ABGEGOSSEN (CA. 800 ML), IN SPALTEN GESCHNITTEN

SALZ, PFEFFER

200 G PFLÜCKSALAT (AUS DEM FRISCHEREGAL)

ETWAS CHILIPULVER, NACH BELIEBEN

ZUBEREITUNG

1. In der Pfanne oder im Backofen nach Packungsanleitung den Grillkäse zubereiten und abkühlen lassen.
2. In der Zwischenzeit in einer kleinen Pfanne bei mittlerer Hitze ohne Fett die Mandelblättchen rösten. Aus der Pfanne nehmen und beiseitestellen.
3. In einer großen Schüssel den Essig und das Olivenöl mit 3 EL Pfirsichsaft aus der Dose vermischen. Kräftig mit Salz und Pfeffer würzen. Den gezupften Salat mit in die Schüssel geben und alles gut vermischen.
4. Den Salat auf vier tiefe Teller verteilen. Den abgekühlten Grillkäse in schmale Streifen schneiden und zusammen mit den Pfirsichen aus dem Salat arrangieren. Mit den gerösteten Mandelblättchen und (nach Belieben) einer kleinen Prise Chilipulver bestreuen.

EINFACH POSH!

FLINKER TRIFLE

FÜR 4 PORTIONEN

EINFACH

5 MINUTEN

ZUTATEN

1 FERTIGER SCHOKOKUCHEN (CA. 350 G)

500 G VANILLEQUARK

500 G KIRSCHGRÜTZE

SPRÜHSAHNE (AUS DER DOSE)

FRISCHE BEEREN (Z. B. HIMBEEREN, BLAUBEEREN, BROMBEEREN)

PUDERZUCKER

AUSSERDEM ERFORDERLICH:
4 SERVIERGLÄSER MIT GROSSER ÖFFNUNG

ZUBEREITUNG

1. Den Schokokuchen in der verschlossenen Packung fein zerbröseln.
2. Die einzelnen Zutaten für das Trifle gleichmäßig in vier Gläser mit großer Öffnung schichten: unten den zerbröselten Schokokuchen, darauf den Vanillequark und schließlich die Kirschgrütze. Nach Belieben mit Sprühsahne auffüllen, mit frischen Beeren garnieren und mit Puderzucker bestreuen.

HAUPTSACHE YUMMY!

ZAPP BRANNIGAN
ATOMIC RAY GUN
ASSASSIN'S CREED
CHRISTIE GOLDEN
DUROTAN
WARCRAFT
E. K. JOHNSTON
STAR WARS
AHSOKA

HAUPTSACHE YUMMY!

PULLED TURKEY-TACOS

FÜR 8 TACOS

EINFACH

60 MINUTEN

ZUTATEN

1 PACKUNG TULIP PULLED TURKEY (500 G)

8 TACO-SCHALEN

5 FRISCHE TOMATEN, GROB GEHACKT

½ SALATGURKE, FEIN GEWÜRFELT

1 BECHER FERTIGE GUACAMOLE (CA. 200 G)

1 FRÜHLINGSZWIEBEL, IN FEINEN RINGEN

GERIEBENER CHEDDARKÄSE

EINGELEGTE JALAPEÑOS (AUS DEM GLAS), OPTIONAL

ZUBEREITUNG

1. Den Pulled Turkey gemäß Packungsanleitung im Backofen garen. Anschließend herausnehmen und das Fleisch durch ein Sieb abgießen. Warmhalten.
2. Die Taco-Schalen nach Packungsanleitung im Backofen erwärmen (meist ca. 3 Minuten bei 180 ° C).
3. Die Tacos zusammenfügen. Hierzu nach Belieben gehackte Tomaten, Salatgurke und Pulled Turkey in die Taco-Schalen geben, mit Guacamole bestreichen und mit Frühlingszwiebeln, geriebenem Cheddar und ggf. eingelegten Jalapeños garnieren. Sofort servieren.

Gran Turismo 5
amazonbasics

CURRYKING-WURSTGULASCH

FÜR 2–3 PORTIONEN

EINFACH

20 MINUTEN

ZUTATEN

2 PACKUNGEN CURRYKING XXL

¼ GLAS WURSTSALATGURKEN, FERTIG GEWÜRFELT (CA. 80 G), MIT FLÜSSIGKEIT

½ HALBE ROTE PAPRIKA, FEIN GEWÜRFELT

250 G NUDELN, NACH WAHL

SALZ, PFEFFER

CURRYKING-CURRYPULVER

ZUBEREITUNG

1. In einem Topf bei mittlerer Hitze unter steten Rühren die Currykings erwärmen. Die Gurkenwürfel (mit Flüssigkeit) und die Paprika hineingeben und 5-6 Minuten sanft köcheln lassen.
2. In der Zwischenzeit in einem separaten Topf in kräftig gesalzenem Wasser nach Packungsanleitung die Nudeln zubereiten. Anschließend abgießen und beiseitestellen.
3. Das Wurstgulasch mit Salz und Pfeffer abschmecken. Die Nudeln auf Teller verteilen, jeweils etwas von dem Gulasch darauf geben und mit einer großzügigen Menge Curryking-Currypulver bestreuen.

PICARD

GYROS PITA

FÜR 5–6 GYROS PITA

EINFACH

20 MINUTEN

ZUTATEN

1 EL PFLANZENÖL

500 G FRISCHES PFANNENGYROS

5–6 KLEINE AUFBACK-PITABROTE

1 KLEINER BECHER ZAZIKI (CA. 180 G)

200 G KRAUTSALAT, ABGETROPFT

½ SALATGURKE, FEIN GEWÜRFELT

10 KIRSCHTOMATEN, GROB GEWÜRFELT

150 G FETAKÄSE, ZERBRÖSELT

ZUBEREITUNG

1. In einer Pfanne bei mittlerer Hitze das Pflanzenöl erwärmen und das Gyros ringsum scharf anbraten. Anschließend auf einem mit Küchenpapier ausgelegten Teller abtropfen lassen.

2. Derweil im Backofen nach Packungsanleitung die Pitabrote aufbacken. Sobald die Brote fertig sind, vorsichtig horizontal fast zur Gänze aufschneiden und so aufklappen, dass die Brote in einem Stück bleiben.

3. Die Pirabrote füllen. Hierzu unten eine Schicht Zaziki verstreichen, darauf eine Lage gut abgetropften Krautsalat verteilen, dann eine Schicht Gyros darauf geben und diese mit Salatgurke, Kirschtomate und etwas zerbröseltem Feta krönen. Die Pita behutsam zusammendrücken und sofort servieren.

Saft mit Schweineschwarten
400g
STAR WARS
Spaghetti

HAUPTSACHE YUMMY!

MIRACOLI 2.0

FÜR 2–3 PORTIONEN

EINFACH

20 MINUTEN

ZUTATEN

2 EL BUTTER

1 KLEINE DOSE RINDFLEISCH IM EIGENEN SAFT (CA. 300 G)

1 GROẞE PACKUNG MIRACOLI SPAGHETTI KLASSIK

1 KLEINE DOSE PIZZATOMATEN (CA. 200 G)

PFEFFER, SELLERIESALZ, CHILIFLOCKEN

ETWAS FRISCHES BASILIKUM, FEIN GEHACKT

PARMESAN

ZUBEREITUNG

1. In einem Topf bei mittlerer Hitze die Butter schmelzen und das Dosenrindfleisch mit dem eigenen Saft hineingeben. Das Fleisch zerteilen und unter stetem Rühren kurz anbraten. Anschließend das Tomatenmark und die Gewürzmischung aus der Miracoli-Packung sowie die dazugehörige Menge Wasser dazugeben. Die Pizzatomaten hinzufügen, alles gut durchrühren und aufkochen. 5-6 Minuten sanft köcheln lassen.

2. Derweil in einem separaten Topf in kräftig gesalzenem Wasser die Spaghetti zubereiten. Abgießen und kurz beiseitestellen.

3. Die Soße mit Pfeffer, Selleriesalz und Chiliflocken abschmecken. Die Spaghetti auf tiefen Tellern anrichten, jeweils etwas von der Soße darauf geben, mit ein wenig frischem Basilikum garnieren und mit etwas Parmesan bestreut servieren.

DEADPOOL 2
WORLD
STAR WARS
-MATE

POUTINE MIT POMMES FRITES

FÜR 4–5 PORTIONEN

EINFACH

25 MINUTEN

ZUTATEN

1 BEUTEL POMMES FRITES (CA. 750 G)

2 EL BUTTER

500 G THÜRINGER METT

250 ML RINDERFOND

1 PÄCKCHEN BRATENSOßE (FÜR 750 ML SOßE)

POMMES FRITES-GEWÜRZ, NACH BELIEBEN

PFEFFER, SALZ

WORCHESTERSOßE

150 G BRUCH- ODER FETAKÄSE, ZERBRÖSELT

ZUBEREITUNG

1. Im Backofen nach Packungsanleitung die Pommes frites zubereiten.
2. In der Zwischenzeit in einem Topf bei mittlerer Hitze die Butter schmelzen und das Thüringer Mett darin ringsum scharf anbraten. Mit dem Rinderfond ablöschen, 500 ml Wasser dazugeben und kurz aufkochen. Das Bratensoßen-Pulver einrühren und unter stetem Rühren 10 Minuten köcheln lassen.
3. Die Fritten aus dem Backofen nehmen, in eine Schüssel geben und nach Belieben mit dem Pommes-Gewürz würzen. Auf Teller verteilen.
4. Die Soße mit Pfeffer, Salz und etwas Worchestersoße würzen. Jeweils eine großzügige Portion auf die Pommes frites geben und mit etwas zerbröseltem Bruch- oder Fetakäse garnieren. Sofort servieren.

Maggi
Ravioli
Maggi
Ravioli

HAUPTSACHE YUMMY!

RAVIOLI-SALAT

FÜR 5–6 PORTIONEN

EINFACH

20 MINUTEN
ZZGL. 1–2 STUNDEN ZIEHZEIT

ZUTATEN

2 DOSEN RAVIOLI IN PIKANTER SOẞE

½ SALATGURKE, FEIN GEWÜRFELT

200 G SALAMI, FEIN GEWÜRFELT

½ GLAS WURSTSALATGURKEN, FERTIG GEWÜRFELT (CA. 120 G), MIT FLÜSSIGKEIT

½ KLEINES GLAS MIRACEL WHIP-SALATCREME (CA. 125 ML)

1 SPRITZER TABASCO

1 TL MAGGI WÜRZMISCHUNG FÜR GEBRATENES FLEISCH

ETWAS FRISCHE KRESSE, ALS GARNITUR

ZUBEREITUNG

1. Die Ravioli bei mittlerer Hitze in einem großen Topf erwärmen. Dann vom Herd nehmen und die Salatgurke, die Salamistücke, die Gewürzgurken und das Miracel Whip hineingeben. Mit einem guten Spritzer Tabasco und 1 TL Maggi-Würzmischung für gebratenes Fleisch würzen. Alles gut vermischen und 1-2 Stunden abgedeckt durchziehen lassen.
2. Nochmals gut durchrühren und überschüssige Flüssigkeit abgießen. Mit etwas frischer Kresse garniert servieren.

HAUPTSACHE YUMMY!

MIKROWELLEN-BROTPUDDING

FÜR 4 PORTIONEN

EINFACH

20 MINUTEN

ZUTATEN

450 G VANILLE-EISCREME

2 EIER

400 G BRIOCHE, IN MUNDGERECHTEN STÜCKEN

1 KLEINE PRISE SALZ

KARAMELLSOSSE, FERTIG

AUSSERDEM ERFORDERLICH:
4 KLEINE MIKROWELLENGEEIGNETE AUFLAUFFÖRMCHEN

ZUBEREITUNG

1. Die Vanille-Eiscreme aus dem Gefrierschrank nehmen, in eine große Schüssel geben, schmelzen lassen und dann kräftig verrühren.

2. In einer kleinen Schüssel die Eier verquirlen und mit zur Eiscreme geben. Eine kleine Prise Salz hinzufügen und alles gut miteinander vermischen.

3. Die Brioche mit in die Schüssel geben, alles gründlich vermengen und 10-15 Minuten einweichen lassen. Die Masse dann in die Auflaufförmchen füllen, die Oberseiten glattstreichen und so lange in 30-Sekunden-Schüben auf höchster Stufe in der Mikrowelle backen, bis der Pudding merklich aufgegangen und fest geworden ist.

4. Vorsichtig aus der Mikrowelle nehmen und 2-3 Minuten abkühlen lassen. Dann großzügig mit fertiger Karamellsoße beträufeln und sofort genießen!

TEQUILA

HAUPTSACHE YUMMY!

HOTDOGS IM SCHLAFROCK

FÜR 10 HOTDOGS

EINFACH

30 MINUTEN

ZUTATEN

1 XXL-PACKUNG FERTIGER PIZZATEIG (CA. 550 G)

10 WIENER WÜRSTCHEN

RÖSTZWIEBELN, NACH BELIEBEN

HOTDOG-GURKEN (AUS DEM GLAS), NACH BELIEBEN, GUT ABGEGOSSEN

SENF, NACH BELIEBEN

GEWÜRZKETCHUP, NACH BELIEBEN

ZUBEREITUNG

1. Den Pizzateig auf der Arbeitsfläche ausbreiten und mit einem scharfen Messer in zehn gleich große Quadrate schneiden.
2. Den Backofen auf 220 °C vorheizen und ein Backblech mit Backpapier auslegen.
3. Jeweils ein Würstchen so in die Mitte jedes Teigquadrats legen, dass die Enden ein Stückchen über den Rand hinausragen. Nach Belieben mit Röstzwiebeln und Gurkenscheiben belegen, dann mit Senf und Gewürzketchup bestreichen; dabei jedoch nicht zu großzügig sein, da zuviel Flüssigkeit den Teig aufweicht und »siffig« werden lässt!
4. Die Teigenden zur Mitte hin über die »Füllung« klappen und das Ganze behutsam zusammenrollen. Die Enden leicht andrücken, damit die »Füllung« bleibt, wo sie ist. Mit ausreichend Abstand zueinander auf das vorbereitete Backblech legen und ca. 12-15 Minuten (je nach Packungsanleitung des verwendeten Pizzateigs) in den vorgeheizten Backofen geben. Anschließend das Blech herausnehmen, die Hotdogs kurz darauf abkühlen lassen und dann sofort servieren.

Halberstädter
Wurst-Soljanka
Halberstädter
Wurst-Soljanka
PICARD

FEIERTAGS-SOLJANKA

FÜR 5–6 PORTIONEN

EINFACH

25 MINUTEN

ZUTATEN

1 EL PFLANZENÖL

400 G JAGDWURST, GROB GEWÜRFELT

200 G SALAMI, GROB GEWÜRFELT

2 DOSEN WURST-SOLJANKA (Á CA. 800 G)

½ GLAS WURSTSALATGURKEN, FERTIG GEWÜRFELT (CA. 150 G), MIT FLÜSSIGKEIT

1 DOSE CHAMPIGNONS (CA. 200 G), ABGEGOSSEN

2 BEUTEL MAGGI FIX FÜR SOLJANKA

ETWAS WORCHESTERSOßE, NACH BELIEBEN

SCHMAND

2 FRÜHLINGSZWIEBELN, GROB GEHACKT

ZUBEREITUNG

1. In einem großen Topf bei mittlerer Hitze das Pflanzenöl erwärmen und die Jagdwurst darin ringsum scharf anbraten. Die Salami dazugeben und 2-3 Minuten mit anbraten.
2. Die Wurst-Soljanka zusammen mit den Gewürzgurken (samt Flüssigkeit) und den Champignons mit in den Topf geben und kurz aufkochen. Nun das Maggi Fix hinzufügen, mit 200 ml Wasser aufgießen und unter gelegentlichem Rühren 10 Minuten sanft köcheln lassen.
3. Die Soljanka nach Belieben mit etwas Worchestersoße abschmecken und auf tiefe Teller geben. Jeweils mit einem Klecks Schmand garnieren und mit etwas frisch gehackter Frühlingszwiebel bestreut servieren.

Nuka Cola

HAUPTSACHE YUMMY!

FISCHSTÄBCHEN-BURGER

FÜR 5 BURGER

EINFACH

30 MINUTEN

ZUTATEN

5 BAGUETTEBRÖTCHEN

1 EL PFLANZENÖL

15 TK-FISCHSTÄBCHEN

SALZ, PFEFFER

ETWAS GEZUPFTER SALAT (AUS DEM FRISCHEREGAL)

FERTIGE REMOULADE, NACH BELIEBEN

1/3 SALATGURKE, IN SCHEIBEN

RÖSTZWIEBELN, NACH BELIEBEN

ZUBEREITUNG

1. Falls eure Baguettebrötchen nicht frisch sind, nach Packungsanleitung im Ofen aufbacken. Dann jeweils horizontal zur Gänze aufschneiden.

2. In einer Pfanne das Pflanzenöl erwärmen und die Fischstäbchen nach Packungsanleitung ringsum goldbraun und knusprig anbraten. Aus der Pfanne nehmen und zum Abtropfen auf einen mit Küchenpapier ausgelegten Teller legen. Mit Pfeffer und Salz würzen.

3. Die Burger belegen. Hierzu eine Schicht gezupften Salat auf die untere Hälfte jedes Brötchens legen und darauf die gewünschte Menge Remoulade verstreichen. Mit Gurkenscheiben garnieren. Darauf je drei Fischstäbchen legen. Die Fischstäbchen mit zusätzlicher Remoulade krönen und großzügig mit Röstzwiebeln bestreuen. Die obere Brötchenhälfte aufsetzen, leicht andrücken und sofort genießen.

Maggi
Ravioli
Maggi
Ravioli
Maggi
Ravioli
in pikanter

ITALO-BRATWURST-RAVIOLI

FÜR 5–6 PORTIONEN

EINFACH

20 MINUTEN

ZUTATEN

5–6 GROBE BRATWURST

1 EL OLIVENÖL

1 EL GETROCKNETER KNOBLAUCH

2 DOSEN RAVIOLI IN PIKANTER SOßE

1 DOSE PIZZATOMATEN (CA. 400 G)

PFEFFER, SALZ

2 EL GETROCKNETE ITALIENISCHE KRÄUTER

ETWAS FRISCHES BASILIKUM, ALS GARNITUR

PARMESAN ODER REIBEKÄSE, NACH BELIEBEN

ZUBEREITUNG

1. Die Bratwürste mit einem scharfen Messer aufschneiden und von der Pelle entfernen. Das Wurstbrät in mundgerechte Stücke schneiden und zu Bällchen formen.
2. In einer großen Pfanne bei mittlerer Hitze das Olivenöl erwärmen und den Knoblauch anschwitzen. Dann die Bratwurststücke hineingeben und einige Minuten ringsum scharf anbraten.
3. Die Ravioli (mit der Soße) und die Pizzatomaten dazugeben, mit Salz und Pfeffer würzen und unter gelegentlichem Rühren zum Köcheln bringen. 5 Minuten sanft köcheln lassen. Ganz zum Schluss die getrockneten italienischen Kräuter unterheben.
4. Auf tiefen Tellern anrichten und mit etwas frischem Basilikum garniert servieren. Nach Belieben mit Parmesan oder Reibekäse bestreuen.

TEAM
SHELDON
amazonbasics

SCHOKO-CHILI-CARNE

FÜR 5–6 PORTIONEN

EINFACH

20 MINUTEN

ZUTATEN

1 EL PFLANZENÖL

500 G THÜRINGER METT

2 DOSEN HOCHWERTIGES CHILI CON CARNE (À CA. 800 G)

1 DOSE GOLDMAIS MEXIKO MIX (CA. 425 G), ABGEGOSSEN

100 G ZARTBITTERSCHOKOLADE, IN STÜCKEN

2 EL LIMETTENSAFT

SALZ, PFEFFER, CHILIFLOCKEN

2 FRÜHLINGSZWIEBELN, IN FEINEN RINGEN

ETWAS SAUERRAHM, ALS GARNITUR

ZUBEREITUNG

1. In einem großen Topf bei mittlerer Hitze das Pflanzenöl erwärmen und das Thüringer Mett darin ringsum scharf anbraten. Sobald das Mett durchgegart ist, das Chili con Carne, den Maismix und die Schokolade hinzufügen und unter regelmäßigem Rühren langsam erwärmen.

2. Sobald die Schokolade vollständig geschmolzen ist, mit dem Limettensaft sowie nach Belieben mit Salz, Pfeffer und Chiliflocken würzen. Noch einige Minuten unter stetem Rühren sanft köcheln lassen, dann auf tiefe Teller oder Schüsseln verteilen, jeweils mit einem Klecks Sauerrahm garnieren und mit Frühlingszwiebeln bestreut servieren.

F3
F2
F1
Esc

CORDON BLEU MIT SPECK-ZWIEBEL-TALERN

FÜR 3 PORTIONEN

MITTEL

30 MINUTEN

ZUTATEN

3 CORDON BLEUS (AUS DER KÜHLTHEKE)

2 EL BUTTER

200 G FRÜHSTÜCKSSPECK

1 PACKUNG FERTIGER KLOẞTEIG (CA. 500 G)

50 G RÖSTZWIEBELN

150 G SCHINKENWÜRFEL

¼ BUND FRISCHER SCHNITTLAUCH, FEIN GESCHNITTEN

1 TÜTE ZWIEBELSUPPE

ZUBEREITUNG

1. Die Cordon Bleus senkrecht in fingerbreite Streifen schneiden. Jeden Streifen mit einem Stück Frühstücksspeck umwickeln.
2. In einer Schüssel den Kloßteig mit den Röstzwiebeln, der Hälfte der Schinkenwürfel und dem Schnittlauch vermengen. Gut durchkneten und aus dem Teig Taler in der gewünschten Größe formen.
3. In einem kleinen Topf bei mittlerer Hitze 1 EL Butter schmelzen und die restlichen Schinkenwürfel anbraten. Die Zwiebelsuppe dazugeben und mit der Hälfte der auf der Tüte angegebenen Menge Wasser aufgießen (ca. 500 ml). Unter gelegentlichem Rühren aufkochen.
4. Derweil in einer Pfanne bei mittlerer Hitze 1 EL Butter schmelzen und die speckumwickelten Cordon Bleus darin von allen Seiten goldbraun anbraten. Sobald das Fleisch fertig ist, aus der Pfanne nehmen und warmhalten.
5. In derselben Pfanne unter gelegentlichem Wenden die Speck-Zwiebel-Taler von beiden Seiten goldbraun anbraten (ca. 4-5 Minuten). Zusammen mit den Cordon Bleu-Streifen und der Zwiebelsoße auf flachen Tellern anrichten und sofort servieren.

FLEISCHLOS GLÜCKLICH!

CHAKRA
COLLECTION
CHAKRAS IN HUMAN BODY
RAL PREMIUM INCENSE STICKS

FLEISCHLOS GLÜCKLICH!

ITALIENISCHE GIN-TOMATENSUPPE

FÜR 2–3 PORTIONEN

EINFACH

10 MINUTEN

ZUTATEN

1 DOSE HOCHWERTIGE TOMATENSUPPE (CA. 500 ML)

30 ML GIN

2 EL GETROCKNETE ITALIENISCHE KRÄUTER

40 ML SAHNE

ETWAS FRISCHE KRESSE

ZUBEREITUNG

1. Die Tomatensuppe in einen Topf geben und bei mittlerer Hitze sanft zum Köcheln bringen.
2. Die getrockneten italienischen Kräuter und den Gin hinzufügen und nochmals ca. 5 Minuten köcheln lassen.
3. Schließlich die Sahne einrühren, die Suppe auf Schüsseln oder tiefe Teller verteilen und mit etwas frischer Kresse garniert servieren.

In der
Pappschale
Italiano

FLEISCHLOS GLÜCKLICH!

SCHLEMMERFILET AUF GEMÜSEBETT

FÜR 4 PORTIONEN

MITTEL

50 MINUTEN

ZUTATEN

2–3 EL BUTTER

2 TK-SCHLEMMERFILETS, NACH WAHL (Z. B. ITALIANO MIT TOMATE-MOZZARELLA)

500 G TK-GEMÜSE, AUFGETAUT

150 G KIRSCHTOMATEN, HALBIERT

2 EL PFLANZENÖL

SALZ, PFEFFER

1 PACKUNG ROSMARIN-KARTOFFELN (CA. 500 G)

ETWAS GERIEBENER KÄSE

ETWAS GETROCKNETER THYMIAN

AUSSERDEM ERFORDERLICH:
EINE GROSSE AUFLAUFFORM

ZUBEREITUNG

1. Eine Auflaufform mit Butter einfetten. Die Schlemmerfilets nebeneinander in die Mitte der Form geben. Den Backofen auf 220 °C vorheizen.

2. In einer Schüssel das TK-Gemüse und die halbierten Kirschtomaten mit etwas Öl vermischen. Kräftig salzen und pfeffern. Das Gemüse dann rings um die Schlemmerfilets in der Auflaufform verteilen und das Ganze für 45 Minuten in den Ofen geben.

3. In der Zwischenzeit nach Packungsanleitung die Rosmarin-Kartoffeln zubereiten.

4. Kurz vor dem Ende der Garzeit etwas geriebenen Käse über die Schlemmerfilets geben. Dann aus dem Ofen nehmen und das Gemüse zusammen mit den Kartoffeln als »Bett« auf den Tellern verteilen. Vorsichtig etwas von dem Sud aus der Auflaufform darüber träufeln. Schließlich jeweils mit einem halben Schlemmerfilet krönen und mit etwas getrocknetem Thymian bestreuen. Sofort servieren.

FLEISCHLOS GLÜCKLICH!

CHILI-CHEESE-PIES

FÜR 8 PIES

EINFACH

20 MINUTEN

NACH EINEM ORIGINALREZEPT VON @EAT.NERD.LOVE!

ZUTATEN

ETWAS BUTTER, ZUM EINFETTEN DER FORM

1 XXL-PACKUNG FERTIGER PIZZATEIG (CA. 550 G)

1 GLAS CHILI SIN CARNE (CA. 350 ML)

GERIEBENER CHEDDARKÄSE

GETROCKNETE ITALIENISCHE KRÄUTER, NACH BELIEBEN

SOUR CREAM, NACH BELIEBEN

AUßERDEM ERFORDERLICH:
EIN MUFFINBLECH

ZUBEREITUNG

1. Den Backofen auf 200 °C Umluft vorheizen. Ein Muffinblech leicht mit Butter einfetten.

2. Den Pizzateig auf der Arbeitsfläche ausrollen und mit einem Glas 16 Teigkreise ausstechen. Die Teigscheiben sollten gerade groß genug sein, dass sie etwas über den Rand der Mulden der Muffinform ragen, in die ihr die Hälfte davon jetzt legt. Den Teig dabei behutsam in den Mulden andrücken.

3. Die Pies zu ¾ mit Chili sin Carne füllen und mit einer ordentlichen Schicht geriebenem Cheddarkäse bestreuen. Die übrigen Teigscheiben jeweils oben auf die gefüllten Muffinmulden legen und mit den Zinken einer Gabel ringsum behutsam andrücken, um die Pies zu verschließen. Anschließend jeden Teigdeckel 3-4 Mal einstechen.

4. Auf mittlerer Schiene für ca. 12-15 Minuten in den vorgeheizten Backofen geben, bis die Pies aufgegangen und goldbraun sind. Am besten noch warm aus der Form stürzen, die Oberseite nach Belieben mit einer Prise getrockneter italienischer Kräuter bestreuen und sofort servieren. Dazu passt gut ein Klecks Sour Cream.

Backen & Kochen
PINIEN-

FEURIGER WASSERMELONEN-FETA-SALAT

FÜR 2–3 PORTIONEN

EINFACH

10 MINUTEN

ZUTATEN

25 G PINIENKERNE

500 G WASSER- ODER HONIGMELONE, FERTIG PORTIONIERT

3 EL OLIVENÖL

2 EL ZITRONENSAFT

80 G FETAKÄSE, ZERBRÖSELT

1 KLEINE CHILI, FEIN GEHACKT

ETWAS FRISCHE MINZE, FEIN GERUPFT

ZUBEREITUNG

NACH EINEM ORIGINALREZEPT VON @KUNTERBUNTUNDLEBENSFROH!

1. In einer kleinen Pfanne bei mittlerer Hitze ohne Fett eine Handvoll Pinienkerne rösten. Aus der Pfanne nehmen und beiseitestellen.
2. Die Melonenstücke in eine große Schüssel geben. Das Olivenöl und den Zitronensaft hinzufügen und alles behutsam, aber gründlich durcheinanderwerfen.
3. Die gerösteten Pinienkerne, den zerbröselten Fetakäse und die fein gehackte Chili dazugeben und wiederum alles behutsam, aber gründlich miteinander vermischen.
4. Auf 2-3 Schüsseln verteilen und mit etwas frischer, fein gerupfter Minze garniert servieren.

SERVIERVORSCHLAG
500g℮
Vegetarischer
Linsen-Eintopf
Erasco
EUROPEAN VEGETARIAN UNION
V-LABEL.EU
VEGAN
VI
DIE LIEBEND
TOD
DER MAGIER
DER NARR

LINSENSUPPEN-SPAGHETTI MIT MOZZARELLAPERLEN

FÜR 3 PORTIONEN

EINFACH

20 MINUTEN

ZUTATEN

OLIVENÖL

50 G TK-ZWIEBELN, AUFGETAUT

100 ML GEMÜSEFOND

1 DOSE HOCHWERTIGER VEGETARISCHER LINSENEINTOPF (CA. 800 G)

SALZ, PFEFFER

250 G SPAGHETTI

MOZZARELLAPERLEN, NACH BELIEBEN

ZUBEREITUNG

1. In einer großen Pfanne bei mittlerer Hitze das Olivenöl erwärmen und die aufgetauten Zwiebeln darin glasig dünsten. Mit dem Gemüsefond ablöschen. Den Linseneintopf dazugeben und alles unter stetem Rühren zum Köcheln bringen. Etwas einreduzieren lassen und mit Salz und Pfeffer würzen.

2. In der Zwischenzeit nach Packungsanleitung in einem großen Topf mit kräftig gesalzenem Wasser die Spaghetti *al dente* kochen, also bissfest. Abgießen.

3. Die Spaghetti auf die Teller verteilen, die Linsensoße darauf geben und nach Belieben mit ganzen Mozzarellaperlen garnieren. Sofort servieren.

VEGANES
MÜHLEN

SÜSSSAURER SOJAHACK-EINTOPF

FÜR 4 PORTIONEN

EINFACH

25 MINUTEN

NACH EINEM ORIGINALREZEPT VON KERSTIN SCHÜTZE, DINSLAKEN!

ZUTATEN

1 EL RAPSÖL

50 G TK-ZWIEBELN, FERTIG GESCHNITTEN

360 G VEGANES SOJAHACK (Z. B. VON DER RÜGENWALDER MÜHLE)

1 EL TOMATENMARK

1 KLEINE DOSE ANANASSTÜCKE (CA. 230 G)

1 GLAS PUSZTA-SALAT (CA. 300 G)

⅓ GLAS SILBERZWIEBELN (INSG. CA. 130 G), ABGEGOSSEN

150 ML GEMÜSEFOND

SOßENBINDER, OPTIONAL

1 PACKUNG BASMATIREIS FÜR DIE MIKROWELLE (Z. B. UNCLE BEN'S EXPRESSREIS)

SALZ, PFEFFER

1–2 EL HONIG, NACH BELIEBEN

ZUBEREITUNG

1. In einem großen Topf bei mittlerer Hitze das Rapsöl erwärmen. Die aufgetauten Zwiebel kurz darin anschwitzen. Dann das Sojahack und das Tomatenmark mit hineingeben und ca. 5 Minuten anbraten.

2. Die Ananasstücke samt Saft, den Puszta-Salat nebst der Flüssigkeit aus dem Glas und die abgegossenen Silberzwiebeln mit in den Topf geben. Einige Minuten unter regelmäßigem Rühren köcheln lassen und mit dem Gemüsefond ablöschen. Die Temperatur erhöhen und das Ganze unter stetem Rühren ein bisschen eindicken lassen. (Alternativ könnt ihr auch Soßenbinder verwenden.)

3. In der Zwischenzeit nach Packungsanleitung den Basmatireis zubereiten.

4. Den Eintopf mit Salz, Pfeffer und ggf. etwas Honig abschmecken. Nochmals 5 Minuten köcheln lassen. Dann zusammen mit dem Basmatireis servieren.

FLEISCHLOS GLÜCKLICH!

VEGGIE-NUDELPFANNE

FÜR 4 PORTIONEN

EINFACH

25 MINUTEN

NACH EINEM ORIGINALREZEPT VON @CARO.NUFF!

ZUTATEN

1 EL BUTTER

1 SCHALOTTE, FEIN GEHACKT

1 TL GETROCKNETER KNOBLAUCH

1 PACKUNG TK-GEMÜSE, NACH WAHL (CA. 400 G), AUFGETAUT

SALZ, PFEFFER

200 ML KOCHSAHNE

500 G FARFALLE-NUDELN

½ ZUCCHINI, IN DÜNNEN SCHEIBEN

10 KIRSCHTOMATEN, HALBIERT

100 G GERIEBENER KÄSE, NACH BELIEBEN

ZUBEREITUNG

1. In einer großen Pfanne oder einem Wok bei mittlerer Hitze die Butter schmelzen und die Schalotte darin glasig dünsten. Den Knoblauch und das TK-Gemüse dazugeben und unter gelegentlichem Rühren so lange garen, bis das Gemüse allmählich weich wird. Dann mit Salz und Pfeffer würzen, mit der Kochsahne aufgießen, die Zucchini, die Kirschtomaten und die Farfalle-Nudeln hinzufügen und ca. 10-12 Minuten offen köcheln lassen bzw. so lange, bis die Nudeln fertig sind.

2. Auf Teller verteilen und nach Belieben großzügig mit geriebenem Käse bestreuen. Sofort servieren.

Paris"
Mit feinen Champignonscheiben
und Sahne verfeinert

CHAMPIGNONCREMESUPPE

FÜR 2–3 PORTIONEN

EINFACH

20 MINUTEN

ZUTATEN

2 EL BUTTER

1 SCHALOTTE, FEIN GEWÜRFELT

1 EL GETROCKNETER KNOBLAUCH

150 G FRISCHE CHAMPIGNONS, IN DÜNNEN SCHEIBEN

SALZ, PFEFFER

50 ML WEIßWEIN

1 SCHUSS SAHNE

1 DOSE HOCHWERTIGE CHAMPIGNONCREMESUPPE (CA. 400 ML)

ETWAS FRISCHER SCHNITTLAUCH, FEIN GEHACKT

ZUBEREITUNG

1. In einem großen Topf bei mittlerer Hitze die Butter schmelzen. Die Schalotte und den Knoblauch hineingeben und die Zwiebelwürfel glasig anschwitzen. Die Champignons hinzufügen, kräftig mit Salz und Pfeffer würzen und einige Minuten ringsum anbraten, bis die Pilze merklich geschrumpft sind und einiges an Saft abgegeben haben. Nun mit dem Weißwein ablöschen, die Sahne dazugeben und kurz aufkochen.
2. Die Suppe mit in den Topf geben, alles gut miteinander verrühren, zum Köcheln bringen und 5 Minuten sanft köcheln lassen. Auf tiefe Teller verteilen und mit frischem Schnittlauch garniert servieren. Dazu passt wunderbar frisches Baguette.

FLEISCHLOS GLÜCKLICH!

KNUSPRIGE MAULTASCHEN

FÜR 2–3 PORTIONEN

EINFACH

20 MINUTEN

ZUTATEN

1 PACKUNG VEGETARISCHE MAULTASCHEN (CA. 300 G)

2 EL BUTTER

1 TL GETROCKNETER KNOBLAUCH

10 KIRSCHTOMATEN, HALBIERT

1 FRÜHLINGSZWIEBEL, IN FEINEN RINGEN

SALZ, PFEFFER, MUSKATNUSS

ETWAS FRISCHE PETERSILIE, FEIN GEHACKT

ZUBEREITUNG

1. Die Maultaschen mit einem scharfen Messer in längliche, schmale Streifen schneiden.
2. In einer Pfanne bei mittlerer Hitze die Butter schmelzen. Den getrockneten Knoblauch hineingeben und kurz anschwitzen. Dann die Maultaschen hinzufügen und ca. 10 Minuten ringsum goldbraun und knusprig braten. Zwei Minuten vor Ende der Garzeit die Kirschtomaten und die Frühlingszwiebel dazugeben und alles mehrmals durchschwenken.
3. Mit Salz, Pfeffer und einem Hauch Muskatnuss würzen. Auf Tellern anrichten und mit etwas frisch gehackter Petersilie bestreut servieren.

ALNATURA
Kichererbsen
Kokos-Topf
REICH AN UNGESÄTTIGTEN FETTSÄUREN
40% RECYCELTES
1834
DA WEISS MAN WER'S MACHT.

KOKOS-KICHERERBSEN-TOPF MIT RAHMSPINAT

FÜR 2–3 PORTIONEN | EINFACH | 20 MINUTEN

ZUTATEN

2 EL BUTTER

150 G VEGANES SOJAHACK (Z. B. VON DER RÜGENWALDER MÜHLE)

1 DOSE KICHERERBSEN-KOKOS-TOPF (CA. 400 G)

1 SCHALOTTE, FEIN GEWÜRFELT

1 TL GETROCKNETER KNOBLAUCH

150 G TK-RAHMSPINAT, AUFGETAUT

PFEFFER, SALZ, MUSKATNUSS

2 EL ASIA-FISCHSOSSE

ZUBEREITUNG

1. In einem Topf bei mittlerer Hitze 1 EL Butter schmelzen. Das Sojahack dazugeben und ringsum kurz anbraten. Dann den Kichererbsen-Kokos-Topf hinzufügen und unter stetem Rühren erwärmen.
2. Parallel in einer Pfanne bei mittlerer Hitze die restliche Butter schmelzen, die Schalotte und den Knoblauch hineingeben und glasig anschwitzen. Dann den aufgetauten TK-Rahmspinat dazugeben, mit Pfeffer, Salz, etwas Muskatnuss und 2 EL Asia-Fischsoße abschmecken, alles gut durchrühren und 5-6 Minuten sanft köcheln lassen.
3. Den Kichererbsen-Kokos-Topf auf Schüsseln verteilen und jeweils einen großzügigen Klecks Rahmspinat in die Mitte geben. Sofort servieren.

GNOCCHI-SPARGEL-GRATIN

FÜR 4 PORTIONEN

MITTEL

45 MINUTEN

ZUTATEN

2 EL PFLANZENÖL

1 SCHALOTTE, FEIN GEHACKT

1 TL GETROCKNETER KNOBLAUCH

1 ROTE PAPRIKA, ENTSAMT UND FEIN GEWÜRFELT

200 ML GEMÜSEFOND

150 ML KOCHSAHNE

SALZ, PFEFFER

BUTTER, ZUM EINFETTEN DER AUFLAUFFORM

300 G SPARGEL (AUS DEM GLAS)

500 G GNOCCHI

GERIEBENER KÄSE

GETROCKNETER THYMIAN

AUßERDEM ERFORDERLICH:
EINE AUFLAUFFORM (CA. 25 X 15 CM)

ZUBEREITUNG

1. In einer Pfanne bei mittlerer Hitze das Pflanzenöl erwärmen. Die Schalotte und den Knoblauch hineingeben und glasig dünsten. Die Paprikawürfel dazugeben und zwei Minuten mitgaren. Mit dem Gemüsefond und der Kochsahne aufgießen, kräftig mit Salz und Pfeffer würzen und ohne Deckel unter regelmäßigem Rühren ca. 15 Minuten köcheln lassen.

2. In der Zwischenzeit den Backofen auf 180° vorheizen und eine Auflaufform mit Butter einfetten. Den Spargel abgießen und in mundgerechte Stücke schneiden.

3. Die Soße aus der Pfanne in die Auflaufform füllen. Den Spargel und die Gnocchi hineingeben und alles gut miteinander vermischen. Die Oberseite glätten, mit geriebenem Käse und getrocknetem Thymian bestreuen und auf mittlerer Schiene ca. 20-25 Minuten im vorgeheizten Ofen backen bzw. so lange, bis die Gnocchi gar sind.

CROISSANT-WAFFELN MIT KIRSCHGRÜTZE

FÜR CA. 15 WAFFELN

EINFACH

15 MINUTEN

ZUTATEN

2 PACKUNGEN KNACK & BACK CROISSANTS (Á 250 G)

KIRSCHGRÜTZE, NACH BELIEBEN

PUDERZUCKER, NACH BELIEBEN

SPRÜHSAHNE (AUS DER DOSE), NACH BELIEBEN

AUSSERDEM ERFORDERLICH:
EIN WAFFELEISEN

ZUBEREITUNG

1. Den Croissantteig aus der Packung nehmen und mit einem scharfen Messer in ca. 1,5 cm dicke Scheiben schneiden. Die einzelnen Teigscheiben jeweils mittig in eine Waffelmulde legen und (je nach Geräteleistung) 3-4 Minuten hellbraun backen. Nicht wenden! Nach 2-3 Minuten einen Blick in das Waffeleisen werfen, damit die Waffeln nicht zu dunkel werden.

2. Die fertigen Waffeln aus dem Gerät nehmen und z. B. mit Kirschgrütze, Puderzucker oder Sprühsahne garnieren. Sofort servieren.

LEICHT UND LECKER!

DONIC
400

LEICHT UND LECKER!

HÄHNCHENSALAT-WRAPS

FÜR 4 WRAPS

EINFACH

15 MINUTEN

ZUTATEN

4 TORTILLA-WRAPS MEXICAN STYLE

ETWAS GEZUPFTER SALAT, NACH EIGENER WAHL

50 G MANDARINEN (AUS DER DOSE), GRÜNDLICH ABGETROPFT

5 TOMATEN, GROB GEHACKT

½ SALATGURKE, FEIN GEWÜRFELT

250 G HÄHNCHEN-FILETSTREIFEN (AUS DEM KÜHLREGAL)

FERTIGES JOGHURTDRESSING

ZUBEREITUNG

1. Die Tortilla-Wraps nach Packungsanleitung im Backofen erwärmen.
2. Jeweils einen Wrap auf der Arbeitsfläche ausbreiten und das untere Drittel nach Belieben mit gezupftem Salat, Mandarinen, Tomate und Gurke belegen. Großzügig mit Hähnchenstreifen garnieren und mit dem Joghurtdressing beträufeln.
3. Die Wraps vorsichtig (von unten nach oben) fest zusammenrollen und sofort genießen.

üne
en-Eintopf

LEICHT UND LECKER!

SCHNITTBOHNENEINTOPF

FÜR 6 PORTIONEN

EINFACH

25 MINUTEN

ZUTATEN

2 DOSEN GRÜNE BOHNEN-EINTOPF (Á CA. 800 G)

1 GLAS BRECHBOHNEN (CA. 350 G)

250 ML RINDERFOND

BOHNENKRAUT, SELLERIESALZ, SALZ, PFEFFER

8–10 GEFLÜGELWÜRSTCHEN, IN SCHEIBEN

ETWAS FRISCHE PETERSILIE, FEIN GEHACKT

ZUBEREITUNG

1. Den Eintopf, die Brechbohnen (samt der Flüssigkeit aus dem Glas) und den Rinderfond zusammen in einen großen Topf geben. Bei mittlerer Hitze zum Köcheln bringen. Nach Belieben mit Bohnenkraut, Selleriesalz und Pfeffer würzen und 15 Minuten sanft köcheln lassen.

2. Die Geflügelwürstchen und die Petersilie hinzufügen und nochmals 5 Minuten köcheln lassen, bis die Würstchen warm sind. Final mit Pfeffer und Salz abschmecken.

LEICHT UND LECKER!

FORELLEN-BAGUETTES

FÜR 2 PORTIONEN

EINFACH

10 MINUTEN

ZUTATEN

1 VOLLKORNBAGUETTE (CA. 30 CM)

ETWAS FERTIGER PFLÜCKSALAT

¼ SALATGURKE, IN LANGEN DÜNNEN SCHEIBEN

4 FORELLENFILETS (2 PACKUNGEN Á 125 G)

ROTER PFEFFER, FRISCH GEMAHLEN

2 TOMATEN, IN SCHEIBEN

¼ GELBE PAPRIKA, FEIN GEWÜRFELT

FERTIGES JOGHURTDRESSING

ZUBEREITUNG

1. Falls euer Baguette nicht frisch ist, nach Packungsanleitung im Ofen aufbacken. Dann horizontal fast zur Gänze aufschneiden und so aufklappen, dass es in einem Stück bleibt.

2. Etwas Salat auf die untere Baguettehälfte geben, gefolgt von den Gurkenscheiben. Die Forellenfilets nebeneinander darauf platzieren, mit etwas frisch gemahlenem rotem Pfeffer würzen und mit den Tomatenscheiben belegen. Mit der gewürfelten Paprika bestreuen und nach Belieben mit dem Joghurtdressing beträufeln. Das Baguette dann behutsam zusammendrücken und mit einem scharfen Messer halbieren. Sofort servieren.

1,5% Fett
ghurt
Knorr
WÜRZIGE GARTENKRÄUTER
Unser Versprechen
Löwensenf
100 ml

LEICHT UND LECKER!

GRIMM`IGER GURKENSALAT

FÜR 4–5 PORTIONEN

EINFACH

10 MINUTEN
ZZGL. 1–2 STUNDEN ZIEHZEIT

ZUTATEN

2 SALATGURKEN

200 G NATURJOGHURT

2–3 EL SENF

SALZ, BUNTER PFEFFER

2 TÜTCHEN KNORR SALATKRÖNUNG WÜRZIGE GARTENKRÄUTER (FÜR JEWEILS 90 ML)

AUSSERDEM ERFORDERLICH:
EINE KÜCHENREIBE

ZUBEREITUNG

1. Die Enden der Gurken abschneiden. Die Gurken vorsichtig (mit der Schale) mit einer Küchenreibe in dünne Scheiben schneiden und in eine große Schüssel geben.
2. In einem Becher den Joghurt, den Senf, das Salz, den Pfeffer und die Salatkrönung verrühren. In die Schüssel mit den Gurken geben und alles gut vermischen. Locker mit Frischhaltefolie abdecken und 1-2 Stunden im Kühlschrank durchziehen lassen.
3. Vor dem Servieren gut durchrühren und überschüssige Flüssigkeit abgießen.

LEICHT UND LECKER!

SCHNELLE HÜHNERSUPPE MIT EIERSTICH

FÜR 5 PORTIONEN

EINFACH

25 MINUTEN

ZUTATEN

200 ML GEFLÜGELFOND

1 PACKUNG TULIP TK-HÜHNERBRÜHE (1000 G)

1 KLEINE PACKUNG TK-SUPPENGRÜN (CA. 120 G)

1 BEUTEL VORGEGARTES TK-HÜHNERFLEISCH (CA. 400 G)

3 EL GEKÖRNTE GEFLÜGELBRÜHE

SALZ, PFEFFER, SELLERIESALZ

100 G FERTIGER EIERSTICH, IN KLEINEN WÜRFELN

ETWAS FRISCHE PETERSILIE, FEIN GEHACKT

ZUBEREITUNG

1. Den Geflügelfond und die TK-Hühnerbrühe bei mittlerer Hitze in einen großen Topf mit Deckel geben. Die gefrorene Hühnerbrühe unter gelegentlichem Rühren langsam auftauen.
2. Sobald die TK-Brühe flüssig ist, das TK-Suppengrün und das TK-Hühnerfleisch hineingeben und 20 Minuten sanft köcheln lassen. Dann nach Belieben mit gekörnter Geflügelbrühe, Salz, Pfeffer und Selleriesalz würzen und den Eierstich 2-3 Minuten in der Suppe warmziehen lassen.
3. Mit frisch gehackter Petersilie bestreut servieren.

CUCINA
MIN SEC 1/100
SET

LEICHT UND LECKER!

BUNTER NUDELSALAT

FÜR 3–4 PORTIONEN

EINFACH

20 MINUTEN
ZZGL. 1–2 STUNDEN ZIEHZEIT

ZUTATEN

300 G SPIRELLI-NUDELN

1 DOSE GOLDMAIS TEXAS MIX (300 G), ABGEGOSSEN

½ ROTE PAPRIKA, ENTSAMT UND GEWÜRFELT

½ GELBE PAPRIKA, ENTSAMT UND GEWÜRFELT

½ GRÜNE PAPRIKA, ENTSAMT UND GEWÜRFELT

1 FLEISCHWURST (CA. 400 G), GROB GEWÜRFELT

2–3 EL SENF

150 ML MAYONNAISE

2–3 EL GEWÜRZKETCHUP

½ BUND FRISCHER SCHNITTLAUCH, FEIN GEHACKT

150 G MOZZARELLAPERLEN, HALBIERT

ZUBEREITUNG

1. Die Nudeln nach Packungsanleitung in viel Salzwasser gar kochen.
2. In der Zwischenzeit in einer großen Schüssel den Texas Mix, die bunten Paprikawürfel und die Fleischwurst miteinander vermischen. Den Senf, die Mayo und den Gewürzketchup dazugeben und gut unterrühren.
3. Die Nudeln abgießen und mit in die Schüssel geben. Den frisch gehackten Schnittlauch und die Mini-Mozzarellakugeln hinzufügen und zwar gründlich, aber behutsam mit den übrigen Zutaten vermengen.
4. Die Schüssel locker mit Frischhaltefolie abdecken und 1-2 Stunden an einem kühlen Ort durchziehen lassen. Dann gründlich durchrühren und final mit Pfeffer und Salz abschmecken. Am besten leicht gekühlt servieren.

LEICHT UND LECKER!

JOGHURT-MÜSLI MIT FRISCHEN FRÜCHTEN

FÜR 2 PORTIONEN

EINFACH

5 MINUTEN

ZUTATEN

GEMISCHTE FRISCHE FRÜCHTE, NACH BELIEBEN (Z. B. ERDBEEREN, BLAUBEEREN, HIMBEEREN)

100 G KNUSPERMÜSLI

80 G NATURJOGHURT

ZUCKER, NACH BELIEBEN

WALNÜSSE, GEHACKT, NACH BELIEBEN

ZUBEREITUNG

1. Die frischen Früchte abspülen, abtrocknen und ggf. kleinschneiden (z. B. Erdbeeren).

2. Das Müsli auf zwei Schüsseln verteilen und jeweils mit der Hälfte des Joghurts vermischen. Auf Wunsch mit etwas Zucker süßen. Die Früchte darauf verteilen. Nach Belieben gehackte Walnüsse darüber streuen. Sofort servieren.

ORIGINAL GRIECHISCHER
FETA

LEICHT UND LECKER!

COUSCOUS-GEMÜSE-PFANNE

FÜR 4 PORTIONEN

EINFACH

20 MINUTEN

ZUTATEN

400 ML GEMÜSEBRÜHE

3 EL OLIVENÖL

400 G AL AMIER COUSCOUS MIT GETROCKNETEN TOMATEN (ODER EINE ANDERE MARKE, NACH BELIEBEN)

400 G TK-GEMÜSE, AUFGETAUT

SALZ, PFEFFER

1 PRISE RAS EL-HANOUT

150 G FETAKÄSE, ZERBRÖSELT

1 KLEINER BECHER ZAZIKI (CA. 180 G)

FRISCHER KORIANDER, ALS GARNITUR (OPTIONAL)

ZUBEREITUNG

1. In einem großen Topf bei mittlerer Hitze die Gemüsebrühe und 1 EL Olivenöl zum Köcheln bringen. Den Topf vom Herd nehmen und das Couscous einrühren. Den Deckel aufsetzen und das Ganze 3-5 Minuten quellen lassen.

2. In der Zwischenzeit in einer Pfanne das restliche Öl erwärmen und das aufgetaute TK-Gemüse gut andünsten. Den aufgequollenen Couscous mitsamt der Flüssigkeit dazugeben, nach Belieben mit Salz, Pfeffer und einer Prise Ral el-Hanout würzen und 2-3 Minuten mitgaren. Zum Schluss vorsichtig den zerbröselten Fetakäse unterheben.

3. Zum Anrichten den Couscous auf Schüsseln oder tiefe Teller verteilen und jeweils mit einem Klecks Zaziki krönen. Auf Wunsch mit etwas frischem Koriander dekoriert servieren.

KLUTH
Walnussker

LEICHT UND LECKER!

SPORTLERSALAT

FÜR 2–3 PORTIONEN

EINFACH

15 MINUTEN

ZUTATEN

PFLANZENÖL

2 HÜHNERBRÜSTE (À CA. 150 G), IN MUNDGERECHTEN STÜCKEN

1 TÜTE GEMISCHTER BUNTER SALAT, VERZEHRFERTIG (CA. 200 G)

15 KIRSCHTOMATEN, HALBIERT

¼ BUND RADIESCHEN, IN DÜNNEN SCHEIBEN

½ KLEINE SALATGURKE, GROB GEWÜRFELT

½ GELBE PAPRIKA, GROB GEWÜRFELT

50 G WALNÜSSE, GROB GEHACKT

SALZ, PFEFFER

FERTIGES SALATDRESSING, NACH EIGENER WAHL

150 G MINI-MOZZARELLAPERLEN, HALBIERT

ZUBEREITUNG

1. In einer Pfanne bei mittlerer Hitze etwas Pflanzenöl erwärmen und die Hühnchenstücke darin ringsum goldbraun anbraten. Dann aus der Pfanne nehmen und auf einem mit Küchenpapier ausgelegten Teller abtropfen lassen.

2. In einer großen Schüssel den Salat, die halbierten Tomaten, die Radieschen, die Gurkenwürfel, die Paprika und die gehackten Walnüsse miteinander vermischen. Großzügig mit Salz und Pfeffer würzen. Ein Salatdressing nach eigener Wahl (und in der gewünschten Menge) dazugeben und wiederum alles gut vermengen. Schließlich die Mozzarellaperlen hinzufügen und behutsam mit dem Rest durcheinanderwerfen.

3. In Schüsseln anrichten und jeweils mit gebratenen Hühnchenstücken garnieren. Sofort servieren.

LEICHT UND LECKER!

MAGIC ASIA-NUDELN MIT HUHN UND EI

FÜR 2 PORTIONEN | EINFACH | 20 MINUTEN

ZUTATEN

PFLANZENÖL

200 G FRISCHES HÜHNERGESCHNETZELTES

3 EIER

SALZ, PFEFFER

1 BEUTEL MAGGI MAGIC ASIA FÜR GEBRATENE NUDELN BAMI GORENG (120 G)

150 ML GEMÜSEFOND

1 FRÜHLINGSZWIEBEL, IN FEINEN RINGEN

SRIRACHA-SOSSE, NACH BELIEBEN

ZUBEREITUNG

1. In einer großen Pfanne oder einem Wok bei mittlerer Hitze etwas Pflanzenöl erwärmen und das Geschnetzelte darin ringsum goldbraun anbraten. Dann aus der Pfanne nehmen und auf einem mit Küchenpapier ausgelegten Teller abtropfen lassen.

2. Die Eier in eine kleine Schüssel aufschlagen und mit Salz und Pfeffer verquirlen. Die Pfanne mit etwas Küchenpapier auswischen, das Rührei hineingeben und warten, bis das Ei anfängt zu stocken. Dann mit einem Holzlöffel zerkleinern und nochmals 1-2 Minuten garen. Aus der Pfanne nehmen und beiseitestellen.

3. In derselben Pfanne nach Packungsanleitung die Magic-Asia-Nudeln zubereiten, dabei jedoch statt der erforderlichen 375 ml Wasser nur 250 ml Wasser, dafür aber zusätzlich 150 ml Gemüsefond verwenden. Die Frühlingszwiebeln dazugeben und kurz mitgaren. Erst dann das gebratene Hühnchen und das Rührei unterheben, auf Tellern anrichten und nach Belieben mit scharfer Sriracha-Soße garnieren. Sofort servieren.

SALAT

LEICHT UND LECKER!

EIERSALAT

FÜR 4 PORTIONEN

EINFACH

15 MINUTEN
ZZGL. 1–2 STUNDEN ZIEHZEIT

ZUTATEN

200 G FETTARMER JOGHURT

3–4 EL SELLERIESALAT (AUS DEM GLAS), ABGEGOSSEN

⅓ GLAS WURSTSALATGURKEN, FERTIG GEWÜRFELT (CA. 100 G)

2 EL ESSIG

PFEFFER, SALZ

1 KLEINE DOSE ERBSEN (CA. 150 G), ABGETROPFT

200 G KOCHSCHINKEN, GEWÜRFELT

10 HARTGEKOCHTE EIER (GIBT'S FERTIG ZU KAUFEN), GEPELLT UND GROB GEHACKT

FRISCHER SCHNITTLAUCH, FEIN GESCHNITTEN

SENF, NACH BELIEBEN

ZUBEREITUNG

1. In einer großen Schüssel den Joghurt, den Selleriesalat und die gewürfelten Gurken mit dem Essig vermischen. Kräftig mit Salz und Pfeffer würzen.
2. Die Erbsen und den Kochschinken dazugeben und alles gründlich miteinander vermengen.
3. Die gehackten Eier und den frischen Schnittlauch unterheben. Die Schüssel locker mit Frischhaltefolie abdecken und 1-2 Stunden an einem kühlen Ort durchziehen lassen. Anschließend gründlich durchrühren und final mit Pfeffer, Salz und ggf. etwas Senf abschmecken. Am besten leicht gekühlt servieren.

Noch mehr Ideen für die schnelle Küche

192 Seiten, 140 x 210 mm, Broschur
ISBN: 978-3-95843-048-8
€ 19,99

80 Seiten, 145 x 190 mm, Broschur
ISBN: 978-3-96664-168-5
€ 7,99

128 Seiten, 188 x 230 mm, Broschur
ISBN: 978-3-96664-191-3
€ 9,99

160 Seiten, 210 x 260 mm, Broschur
ISBN: 978-3-95843-635-0
€ 19,99

128 Seiten, 185 x 225 mm, Broschur
ISBN: 978-3-96664-187-6
€ 9,99

128 Seiten, 183 x 225 mm, Broschur
ISBN: 978-3-95843-797-5
€ 14,99

144 Seiten, 189 x 230 mm, Broschur
ISBN: 978-3-95843-987-0
€ 9,99

128 Seiten, 189 x 230 mm, Broschur
ISBN: 978-3-96664-180-7
€ 9,99

Unsere Bücher erhalten Sie in jeder Buchhandlung und unter www.heel-verlag.de

HEEL Verlag GmbH
Gut Pottscheidt
53639 Königswinter
Tel.: 02223 9230-0
Fax: 02223 9230-13
E-Mail: info@heel-verlag.de
Internet: www.heel-verlag.de

PROJEKTLEITUNG: Hannah Kwella
PROJEKTREDAKTION, TEXTE & REZEPTE: Tom Grimm, Grinning Cat Productions
FOODFOTOGRAFIE: Tom Grimm & Dimitrie Harder
GRAFIKDESIGN, SATZ & LAYOUT: Roberts Urlovskis
UMSCHLAGGESTALTUNG: Christine Mertens

Printed in Turkey

ISBN: 978-3-96664-183-8

Bibliografische Information der Deutschen Nationalbibliothek
Die Deutsche Nationalbibliothek verzeichnet diese Publikation in der Deutschen Nationalbibliografie; detaillierte bibliografische Daten sind im Internet über http://dnb.d-nb.de abrufbar.